OSTSEE
OSTSEE
KAP ARKONA
Putgarten
Vitt
WITTOW
Altenkirchen
Dranske
Wiek
Breege
TROMPER
WIEK
WIEKER BODDEN
BREEGER BODDEN
LIBBEN
VITTER BUCHT
HIDDENSEE
Kloster
Vitte
Neuendorf
SCHAPRODER BODDEN
Schaprode
Trent
Neuenkirchen
GROSSER JASMUNDER BODDEN
Glowe
Lohme
Königsstuhl
Stubbenkammer
NATIONALPARK JASMUND
Kreideküste
Sagard
SASSNITZ
FÄHRHAFEN SASSNITZ-MUKRAN
Sassnitz-Trelleborg
Sassnitz - Rønne Bornholm
Sassnitz-Klaipeda
PRORER WIEK
KLEINER JASMUNDER BODDEN
Lietzow
Ralswiek
Rappin
UMMANZ
Gingst
Kluis
Patzig
Thesenvitz
Parchtitz
Buschvitz
BERGEN
B 196a
OSTSEEBAD BINZ
GRANITZ
Zirkow
OSTSEEBAD SELLIN
B 196
OSTSEEBAD BAABE
Lancken Granitz
OSTSEEBAD GÖHREN
Middelhagen
MÖNCHGUT
Gager
OSTSEEBAD THIESSOW
Usedom
Dreschvitz
KUBITZER BODDEN
B 96
Sehlen
Karnitz
PUTBUS
Lauterbach
Vilm
Rund Vilm
Rund Vilm Bollwerk Baabe
RÜGISCHER BODDEN
Ruden - Greifswalder Oie Peenemünde
Rambin
Samtens
GARZ
Deutsche Alleenstraße
Altefähr
HANSESTADT STRALSUND
B105
Gustow
Poseritz
Groß Schoritz
Zudar
ZUDAR
STRELASUND
Glewitzer Fähre
GREIFSWALDER BODDEN
B 96
Greifswald
Radfernweg „Rügenrundtour" (270 km), Querroute (320 km)
ausgebaute, straßenbegleitende Radwege

Insel Rügen - Ostseeparadies
The Island of Rügen

Jürgen Schulz

Insel Rügen

Ostseeparadies im Farbbild

ZIETHEN-PANORAMA VERLAG

Jürgen Schulz

Ostseeparadies INSEL RÜGEN

Soll ich Dir von meiner Insel erzählen, dann vergiss alles, was Dir bisher begegnete. Vergiss die schwingenden Dünen der Nordseeinseln, die schroffen Felsenklippen Bornholms und das Donnern der Brandung vor Dänemarks Küsten. Alles das, was Du dort in beeindruckender Weite bestaunst, bietet Rügen Dir auch, nur lieblicher, freundlicher, in innigerer Vermählung von Meer und Land. Es ist nicht die Größe Rügens, die den Touristen fesselt. Es ist die Vielseitigkeit dieser Insel, mit ihren weich geschwungenen Hügelzügen und weiten Ebenen, den leuchtenden Kreidefelsen und feinsandigen Stränden. Tiefgrüne Buchenwälder umrahmen in einer urigen Landschaft geheimnisvolle Moore, Heide und fruchtbares Ackerland. Die tief ins Land dringenden Bodden und Wieken verleihen Rügen den Ausdruck eines Inselarchipels.

Die Insel Rügen ist ein buntes Teppichmuster von Inseln und Halbinseln, die das Kernland umschließen, miteinander verwachsen, die Landzungen ausstrecken nach Hiddensee und immer wieder im wechselnden Spiel der Strömungen neue Bodden und Binnengewässer bilden. Obwohl Rügen in seiner zerklüfteten Struktur nicht so wirkt, ist die Insel fast viermal so groß wie Malta und im Vergleich zu Rügen nehmen sich die Nordseeinseln doch recht klein aus. Sylt, das größte der nordfriesischen Eilande, bringt es mit 93,5 qm gerade auf ein Zehntel der Fläche von Rügen. Rügen und Hiddensee liegen im Bereich der westbaltischen Inselzone, die sich klimatisch durch milde Winter und kühle Sommer auszeichnet. Darüber hinaus wird der Urlauber hier von einem Kranz weißleuchtender, gastlicher Badeorte empfangen - dazwischen begegnet er immer wieder der Stille romantischer Dörfer mit jahrhundertealten Traditionen der Bauern und Fischer. Landschaftlich ist Rügen also kein geschlossenes Gebilde, wie etwa die Nachbarinseln Bornholm oder Gotland. Der Grund hierfür liegt in der ungewöhnlichen geologischen Entwicklung unserer Insel.

Nachdem vor 7.000 Jahren das Eis der dritten, der Weichseleiszeit, geschmolzen war, stieg der Wasserspiegel der heutigen Ostsee bedeutend an. Schließlich ragten nur noch Moränenrücken aus den Fluten. Die Außenküsten dieser Inselkerne, wie das heutige Jasmund, Wittow, Granitz, Mönchgut mit Thiessow und Zicker, unterlagen durch die Brandung starken Erosionen. Dadurch entwickelten sich im Strömungsschatten der Steilküsten Sandhaken, die sich zu Nehrungen entwickelten, Wasserflächen vom Meer abriegelten und die sogenannten Bodden schufen.

RÜGEN - the island paradise

If I am to tell you about my island of Rügen, you should first forget everything you've encountered about islands so far. Forget the undulating dunes of the North Sea islands, the precipitous cliff faces of Bornholm and the thundering surf along the fragmented coasts of Denmark. You will also find all the impressive characteristics of such sweeping vistas on Rügen, but here they are mellower, friendlier, disclosing an intimate marriage of land and sea. It is not the size of Rügen that fascinates tourists, but rather the diversity of this island, with its lines of gently rolling hills and broad plains, its radiant chalk cliffs and fine sandy beaches. Inland, dark green beechwoods frame Rügen's mysterious marshlands, its heaths and fertile arable country. The many bays and coastal inlets - known as ***Wieken*** and ***Bodden*** in local dialect - that penetrate deep into the interior convey the impression that Rügen is an archipelago rather than a single island. In addition, the island possesses its own special jewels in a shining chain of white-sanded seaside resorts, dotted amongst which we find tranquil romantic villages whose farming and fishing traditions hark back over centuries.

The landscape of Rügen does not, therefore, present the homogenous picture that is evident in neighbouring islands such as Bornholm or Gotland. The reason for this lies in the remarkable geological development of our island. Seven thousand years ago, when the ice melted in the wake of the third and last Ice Age, there was a substantial rise in the water level of what we now know as the Baltic. In the end, only the tips of the moraines remained above the flood waters. The wave-battered shores of these islets, (which now constitute higher-lying areas of Rügen such as Jasmund, Wittow, Granitz, Mönchgut with Thiessow and Zicker) were subject to considerable erosion. Sandy deposits accumulated along the margins of the powerful currents that coursed along the precipitous cliff faces; the racing tides carved these sandbanks into elongated spits, which spun out in a curve to cut off great expanses of sea. Thus were created the inlets known to local people as "Bodden".

Another ice-age inheritance can be found in the huge erratics that particularly attract our attention on Rügen's rock-strewn beaches. These great boulders were deposited by vast glaciers descending from the mountains of the North, and the largest can now be found in Buskam, near Göhren. It weighs 1,626 tons and its surface area is so extensive that the people of Mönchgut once used to gather on top to dance at wedding celebrations.

Auch die gewaltigen Findlingsblöcke, die uns besonders an den Geröllstränden ins Auge fallen, haben die Gletscher der Eiszeit aus den nordischen Gebirgen zu uns getragen. Der größte dieser Steine ist der Buskam bei Göhren. Sein Gewicht beträgt 1626 Tonnen und seine Oberfläche ist so groß, dass sich nach altem Brauch die Mönchguter zu ihrem Hochzeitstanz auf diesem Findling zusammenfanden.

Bereits vor dem ersten Eisvorstoß vor etwa 90.000 Jahren stieg aus dem Untergrund der Kreidekomplex des heutigen Jasmund auf. Diese Kreide besteht aus den kalkigen Überresten winziger einzelliger Lebewesen, den Coccoliten. Eingebettet in die Kreidewände finden wir aus Urzeiten nicht nur den bekannten Feuerstein, sondern auch Versteinerungen kreidezeitlicher Lebewesen wie Muscheln, Seeigel, Donnerkeile (Schwanzteile einer Tintenfischart, sogenannter Belemniten), Kugelschwämme und Klappersteine, die nach altem Glauben dem Finder Glück bringen sollen. Aber die Kreideküste begeistert den Wanderer nicht nur durch ihre überwältigende Schönheit. Die Kreide verdient auch mit Recht den Namen Heilkreide, tritt sie doch in den vergangenen Jahren bei der Behandlung von allen rheumatischen Erkrankungen, Gelenkentzündungen, Arthrosen, Ischias, Sehnenscheidenentzündungen, Neuralgien und Hauterkrankungen in Form erfolgreicher Heilbäder mehr und mehr in den Mittelpunkt von Kuren.

Besonders in den letzten Jahrzehnten haben die Inselbewohner alle Anstrengungen unternommen, um diese Kostbarkeiten der Natur zu erhalten und zu pflegen. Das zeigt sich besonders in der Anlage von Schutzgebieten auf und um Rügen. Eine besondere Funktion zur Erhaltung seltener Tier- und Pflanzenarten haben dabei der Nationalpark Jasmund im Nordosten sowie an der Westküste der Nationalpark Vorpommersche Boddenlandschaft. Jasmund mit der Kreidesteilküste und den urwaldartigen Buchenbeständen gilt als das wertvollste Naturschutzgebiet an der deutschen Ostseeküste. Im Schatten riesiger Buchen verbirgt sich eine Vielfalt seltener Tiere und Pflanzen, unter denen die zahlreichen Orchideenarten wohl zu den größten Kostbarkeiten dieser Küstenregion zählen.

Der Besuch der Vorpommerschen Boddenlandschaft im Frühjahr oder Herbst wird jedem echten Naturfreund ein Leben lang im Gedächtnis bleiben, denn wer schaut nicht gern zum Himmel, wenn viele tausende Kraniche, Bläss- und Saatgänse mit lauten Rufen zu ihren abendlichen Schlafplätzen fliegen.

Well before the first advance of the ice, about 90,000 years ago, the present-day area of Jasmund emerged as a stratified complex of chalk. This substance actually consists of calcified remains of tiny, single-celled organisms known as coccolites. Not only will we find the familiar flints embedded in the chalk cliffs, but also fossils from this era, such as shells, sea urchins, so-called thunderbolts, or belemnites, (cephalopod tails) and sponges. Occasionally you will come across a "Klapperstein" [rattle-stone, i.e. stone with a hole in it], which according to local lore brings good luck to the finder. But the chalky coastline is not only attractive to walkers because of its overwhelming beauty. Not without reason is Rügen's calcium termed medicinal, for it has in the last years played an increasing role in the treatment of all rheumatic diseases, arthritis, sciatica, tendonitis, neuralgia and skin complaints. In the form of medicinal baths it provides the basis for a range of successful therapies.

It is above all in recent decades that the islanders have made every effort to preserve and maintain their natural heritage. This is especially obvious in the creation of conservation areas on and around Rügen. Two such areas that have assumed a specific function in the conservation of rare species of plants and animals are the Jasmund National Park in the north-east and the "Bodden" landscape of the Vorpommern National Park, on the west coast.

Jasmund, the district which includes Rügen's steep chalk cliffs and a wilderness of beechwoods, is regarded as the most significant conservation area along Germany's Baltic shores. A multiplicity of rare fauna and flora flourish in the shelter of the mighty beech trees, including the numerous species of orchid which count as one of the greatest treasures of this coastal region.

Any true nature-lover who visits the inlets of the Vorpommern National Park in spring or autumn will never forget the experience; who cannot resist a glance heavenwards when flocks of cranes, white-fronted geese and bean geese wing their way towards their evening roosts with their haunting calls? The migration of birds over national borders is one of nature's most impressive phenomena, and one for which Germany's largest island provides an excellent observation point.

Both historians and those who like to indulge in imaginary excursions into our homeland's past will find a visit to Rügen's prehistoric burial sites an equally unforgettable experience.

Der Zug der Vögel über Ländergrenzen hinweg ist eines der beeindruckendsten Naturerlebnisse und ist auf Deutschlands größter Insel besonders gut zu beobachten.

Für Historiker und Menschen, die gern in die Vergangenheit unserer Heimat zurückträumen, ist ein Besuch der prähistorischen Grabstätten wohl ein unvergessliches Erlebnis. Stolz grüßen von den Hügeln die baumbestandenen Erhebungen bronzezeitlicher Gräber und künden von der reichen Besiedelung der Insel vor etwa 3500 Jahren. Auch heute noch ruhen ungestört in den meisten Gräbern die sterblichen Überreste mit ihren Grabbeigaben. Gewaltige Findlingsblöcke, mühsam aufeinander getürmt, künden von einer Zeit vor 4000 Jahren, in der die Bewohner der Insel ihre Waffen und Geräte noch aus dem Feuerstein herstellten, den sie in den Kreideablagerungen fanden.

Das erste Volk auf Rügen, über das genauere Berichte vorliegen, waren die zur Eisenzeit gehörenden germanischen Rugier. Während der Zeit der Völkerwanderung (3.-6.Jh.) verließen sie ihre Heimat in Richtung Süden und in die nun freien Räume stießen aus dem Südosten Europas slawische Stämme nach, von denen sich die Ranen auf Rügen niederließen und fortan das Gesicht der Insel prägten. Viele Ortsnamen mit den Endungen -itz, -ow, -in deuten noch heute auf slawische Siedlungen hin.

1168 schließlich eroberten die Dänen unter dem Bischof Absalon von Roeskilde die Haupttempelburg auf dem Kap Arkona. Die hölzerne Statue des Gottes Swantevit wurde verbrannt und die Insel zum dänischen Lehen. Mit dem Einzug des Christentums auf Rügen wandelten sich die wirtschaftlichen und politischen Verhältnisse grundsätzlich. Die Ranenfürsten öffneten ihr Land deutschen Siedlern, die durch ihre bereits hochentwickelte Landwirtschaft und ihr Handwerk sehr bald die führende Stellung auf der Insel einnahmen. Mönche kultivierten das Land und errichteten die ersten Kirchen. Mehr und mehr wurde Rügen deutsch. Aber die kriegerischen Konflikte mit den Nachbarländern sorgten dafür, dass die Insel sich wirtschaftlich nur schwer erholen konnte. Die immer stärker werdende Position des Adels führte zu einer ungewöhnlich starken Unterdrückung des Volkes. Der 30jährige Krieg brachte furchtbare Verwüstungen. Erst unter schwedischer Herrschaft (1721) war den Rüganern eine Atempause vergönnt, in der die Insel gewissermaßen aufblühte. Und dann schließlich, nach der französischen Besetzung,

Gracing the hills we find tree-covered mounds which indicate the presence of Bronze Age graves, bearing silent witness to an already thriving island population about 3,500 years ago. Even today most of the dead lie serenely undisturbed amongst their burial objects, for the barrows remain largely unexcavated. The island's Stone Age sepulchres, in contrast, dream away the centuries beneath the crowns of ancient oaks. Huge glacial erratics have been arduously piled up to make graves, reminders of a time four thousand years distant, when the islanders still forged their weapons, tools and equipment from the stony gifts of the chalk cliffs - that is, flint.

The first inhabitants of Rügen to be given explicit mention in written records were an Iron Age people, a Germanic tribe known as the Rugii. During the great population migrations between the third and sixth centuries A.D., the Rugii abandoned their homeland to move south and Slavonic peoples from the south-east of Europe swept in to the depopulated regions. A tribe known as the Ranen settled on Rügen and thenceforth set their stamp on the island. Today, we know that place names ending in -itz, -ow, and -in are indicative of these early Slavonic settlements.

Eventually, in 1168, the Danes under Bishop Absalon of Roeskilde captured the tribe's main temple on the heights of Cape Arkona. The wooden statue of a deity known as Swantevit was ceremoniously burned and the island became a Danish fiefdom. The introduction of Christianity to Rügen was accompanied by a radical change in the economic and political situation. The tribal chiefs of the island opened their territory to German settlers, who quickly established themselves as a ruling caste on the island on account of their highly developed agricultural and technical skills. Monks cultivated the land and erected the first churches, and Rügen became increasingly Germanised. But armed conflicts with neighbouring regions meant that the island made only a slow recovery. As the aristocracy consolidated their power base, the common people were subjected to exceptionally harsh oppression. There was terrible devastation during the Thirty Years War, and it was not until the era of Swedish rule (1721) that the inhabitants were permitted a pause to take stock of their situation, and a measure of prosperity returned to the island. Finally, after a period of French occupation, Rügen fell to Prussia in 1815. Yet again, an extremely powerful aristocracy held sway, but despite this, the island's economy and culture flourished.

The population of Rügen consisted of farmers and fishermen who wrested from the soil and the sea what little they needed to live.

fiel Rügen 1815 an Preußen und gelangte unter dieser Herrschaft, trotz der nach wie vor starken Macht des Adels, zu einer gewissen wirtschaftlichen und kulturellen Blüte.

Bauern und Fischer waren die Rüganer. Schwer rangen sie dem Boden und dem Meer das wenige ab, das sie zum Leben brauchten. In den schweren Jahren der Unterdrückung hatten sie gelernt, sich zu wehren, aber aus den Erfahrungen der Geschichte standen sie auch allem Neuen abwartend, zunächst auch misstrauisch gegenüber. Diese Zurückhaltung führte dazu, dass man sich selbst genug war, die alten Traditionen gegen alle Einflüsse von außen zu bewahren wusste, und zur Freude heutigen der heutigenUrlauber besonders auf der Halbinsel Mönchgut bis heute zäh daran festgehalten hat.

Dem Urlauberbetrieb standen die Rüganer vor 200 Jahren noch skeptisch gegenüber. So entstand der erste Kurort auch nicht an der Küste inmitten der Fischerei, sondern in Sagard, wo ein geschäftstüchtiger Pastor 1795 die Segnungen von Kreidebädern entdeckt hatte und den kleinen Ort sehr bald zu einem bekannten Kurbadeort zu entwickeln verstand, der allerdings nur zu kurzer Blüte aufsteigen sollte. Mehr Erfolg hatte schon der sehr weitblickende Fürst Malte von Putbus, der den kleinen Hafenort Lauterbach 1816 zu einem feudalen Modebad ausbauen ließ. Doch der große Durchbruch zu Rügens Hauptreichtum, der brandenden Ostsee, kam erst, als die beiden Orte Sassnitz und Crampas sich mehr und mehr dem Seebadebetrieb öffneten. Lange Zeit traf sich hier vorwiegend die „gute Gesellschaft". Sogar die Kaiserliche Familie erkor vorübergehend Sassnitz zu ihrem Kurort, bis dann die jungen aufblühenden Badeorte Binz, Göhren, Sellin, Baabe und Thiessow an der Ostküste der Insel endgültig die Zukunft Rügens bestimmten. In schwindelerregendem Tempo entwickelten sie sich zu weltoffenen Badeorten mit ihrer freundlich lockenden Bäderarchitektur, den modernen Hotels und Pensionen, ihren Seebrücken, den einzigartigen feinsandigen weißen Stränden.

Journalisten, Dichter und Maler haben die Insel besucht und weithin bekannt gemacht. Doch so manches Auf und Ab sollten die neuen Urlaubsorte nach 1900 noch erleben: Kriege, wirtschaftliche und politische Probleme, haben den weltoffenen Aufschwung zwar erschwert und verlangsamt, konnten ihn aber nicht aufhalten. Und so zählen die großen und kleinen Badeorte an Rügens Küsten mit ihrem milden, gesundheitsfördernden Seeklima und den nachweislich vielen Sonnentagen heute im In- und Ausland zu den beliebten Reisezielen.

They learned to fend for themselves in the harsh years of oppression, and if anything, history taught them to be wary of all innovation, greeting it with mistrust. This inherently cautious attitude, although enabling the fiercely independent islanders to maintain their ancient traditions in the face of all external influences (a characteristic still evident on the Mönchgut peninsula), meant that at first there existed a certain lack of tolerance towards the newly burgeoning tourist industry.

The first health resort was not, therefore, founded amid the fishing harbours of the coast but in Sagard, where, in 1795, a clergyman endowed with good business sense discovered the benefits of chalk baths and developed the little settlement into a health resort of some repute. Although the scheme was short-lived, a more successful version was devised by the admirably far-sighted Count Malte of Putbus in 1816. Under his supervision, the small harbour village of Lauterbach was soon to become a fashionable resort of the privileged classes.

The first major period of access to the Baltic surf - Rügen's primary source of wealth - came when the two towns of Sassnitz and Crampas opened their doors to would-be sea bathers. For many years, Sassnitz was a favourite venue of high society, and for a time even the German Emperor's family chose Sassnitz as a bathing resort. Subsequently, it was the expansion of the new resorts of Binz, Göhren, Sellin and Baabe on the east coast that proved crucial to the future of Rügen. These towns developed at a dizzying pace into cosmopolitan spas characterised by a light and airy, welcoming style of seaside-resort architecture. There were modern hotels and boarding houses, piers and unsurpassed beaches of fine white sand. Guests were tempted by the resorts' doctors, who praised the healing properties of the temperate yet bracing climate, the miraculous remedial baths and the iodized air.

The roller-coaster history of Rügen's new seaside resorts did not come to an end after 1900. Wars, economic and political crises have curbed and curtailed but have never managed to halt the cosmopolitan impetus, and so today the seaside resorts, both large and small, along Rügen's coastline, with their mild sea breezes, their favourable sunshine statistics and their bracing climate are still one of the most popular tourist destinations. It is due to their charm and their inviting atmosphere that the island continues to confirm its reputation as:

Rügen - Germany's largest and most beautiful island

FORTSETZUNG DER DEUTSCHEN EINLEITUNG

Und doch gibt es die kleine Insel Hiddensee an der Westküste, die sich gegen die Mutterinsel Rügen ihre Eigenständigkeit bewahren konnte. Wie eine schützende Barriere gegen die schweren Stürme hat sich Hiddensee vor die flachen Westküsten Rügens gelagert. 16,8 Km lang und an der schmalsten Stelle nur 250 Meter breit, leidet die Insel selbst oft unter den schweren Angriffen des Meeres. Der Süden bietet ein Paradies herrlicher Sandstrände, die im Norden durch den Höhenzug des Dornbuschs begrenzt werden. Künstler waren es, die Hiddensee als Urlaubsinsel für sich entdeckt haben, und Künstler, wie Maler, Dichter, Schriftsteller und Journalisten, haben dieser unberührten rauen Naturlandschaft ihren heutigen individualistischen Ruf in die Welt hinausgetragen. Unter ihnen als Senior Gerhart Hauptmann, der die alte Wikingerinsel zu seinem zweiten Wohnsitz machte und auf dem kleinen Inselfriedhof die letzte Ruhe fand.

Auch Hiddensee ist ein Teil des Nationalparks „Vorpommersche Boddenlandschaft". Deshalb steht die Insel unter besonders strengem Schutz. Das bedeutet, dass das Eiland bis auf wenige notwendige Ausnahmen autofrei ist. Nur Fahrräder dürfen mit hinüber genommen werden. Wege und Straßen gehören vorwiegend den Fußgängern, Radfahrern und Pferdewagen. Drei größere Dörfer hat die Insel. Neuendorf im Süden, ein Dorf mit vielen alten Traditionen, wie zum Beispiel den „Hausmarken", einer Runenschrift aus germanischen Zeiten. Vitte, das Haupt- und Verwaltungsdorf, und Kloster, das Künstlerdorf mit der kleinen Inselkirche. Das schönste Wanderziel aber sind die Hügel auf dem Dornbusch mit ihrem herrlichen Panoramablick über Meer und Insellandschaft. Hier oben finden wir auch den weißen Leuchtturm.

Jährlich wächst die Zahl der Urlauber die Rügen und Hiddensee zu ihren Trauminseln erkoren haben, und wer sie einmal erlebte, den zieht es immer wieder hierher.

Die Rundreise beginnt im Norden von Rügen an der rauen Küste von KAP ARKONA mit den Leuchttürmen, den Wahrzeichen der Insel, die Wegweiser für die Seefahrt. 1826-29 wurde der erste Leuchtturm nach Plänen von K.F. Schinkel errichtet. Er ist 19 m hoch. 1902 wurde ein 7 m höherer Turm eingeweiht, dessen Blinkfeuer 23 Seemeilen (42,596 km) aufs Meer strahlt. Der Schinkelturm ist heute als Aussichtsturm und Museum zugänglich und bietet sich als beliebtes Standesamt an. - In dem kleinen Fischerdorf Vitt mit nur 13 Häusern in einer Liete (Uferschlucht) gelegen, wurden zur Hansezeit die Heringe eingesalzen, – „Brot des armen Mannes". Oberhalb des Dorfes auf der Steilküste steht die sehenswerte achteckige rohrgedeckte Kirche, die 1806 errichtet wurde.

Our round trip begins in the north of Rügen, on the weather-beaten CAPE ARKONA. Its lighthouses are familiar local landmarks as well as navigation aids for shipping. The earliest, 19 metres high, was designed by K.F. Schinkel and erected in 1826-29. In 1902 a second lighthouse came into operation, 7 metres higher than the first; its beams extend 23 nautical miles (42.596 km). Today, Schinkel's tower is open to the public: it houses a museum, serves as an observation tower and is a favourite spot for civil wedding ceremonies. - The tiny fishing village of Vitt consists of 13 houses nestling in a cove. In the Hanseatic era herrings ("poor man's bread") were salted here. Perched on a cliff above Vitt stands the pretty octagonal reed-thatched church, dating from 1806.

Kirche in ALTENKIRCHEN

Dieses Gotteshaus gilt als eines der ersten Kirchenbauten auf Rügen nach der Christianisierung im Jahre 1168. Aus der frühesten Bauperiode haben sich der romanische Chor und das zeitgleiche Chorquadrat erhalten. Ursprünglich war die Kirche als dreischiffige Basilika errichtet worden, erfuhr aber im Laufe der Geschichte mehrere Umbauten und erhielt in der Spätgotik ein Kreuzrippengewölbe. In einem kleinen Raum neben dem Chor befindet sich ein eingemauerter liegender slawischer Grabstein aus der Zeit vor dem Kirchenbau. Es könnte sich um das Grab eines Priesters des Swantevit gehandelt haben. Die Backsteinkirche wird umgeben von einem alten Kirchhof mit vielen Stelen und einem hölzernen Glockenturm.

ALTENKIRCHEN, the church

This church was one of the first to be erected in Rügen after the island was converted to Christianity in 1168. Some sections of the original building can be seen in the Romanesque chancel and crossing. Originally the church was built as a three-nave basilica, but it has been rebuilt several times in the course of its history, and a cross-vaulted roof was added in the late Gothic period. In a small room next to the chancel there can be found a walled-in horizontal Slavonic gravestone which predates this church; possibly it marks the burial place of a priest of the heathen god Swantevit. Altenkirchen's brick church is surrounded by an old churchyard containing numerous stelae and a wooden campanile

Zünftige Hafenstimmung erlebt man in dem Seefahrer- und Fischerdorf Breege mit seinen alten Kapitänshäusern, der Fischräucherei und vor allem dem freundlichen Hafen. Von hier aus legen die weißen Touristendampfer nach Hiddensee und auch Wasserwanderer, die mit eigenen oder gecharterten Jachten die abwechslungsreichen Gewässer der Westküste erkunden, ab . Zu Breege gehört als zweiter Ortsteil das an der Seeküste gelegene Juliusruh mit seinen herrlichen Sandstränden. Juliusruh ist eine Gründung des rügenschen Adligen Julius von der Lancken, der sich hier im Jahre 1795 Schloss und Park als Alterssitz schuf. Leider ist von dieser schönen Anlage nur noch wenig erhalten. Der Badeort Juliusruh aber gehört zu den reizvollsten der Insel.

If you enjoy a genuine harbour atmosphere, Breege is the place for you. This is a village of seamen and fishermen, with old captains' houses, a fish smokehouse and above all a welcoming harbour. It is from here that the white ferries depart for Hiddensee and amateur sailors with their own or chartered yachts explore the diversity of the waters of the west coast. The village of Juliusruh is now part of the borough of Bregge, and here visitors will find wonderful sandy beaches. Juliusruh was founded by a local aristocrat, Julius von der Lancken, who, in 1795, with an eye to retirement, built a mansion here in extensive grounds. Sadly, little remains of his lovely house and park, but Juliusruh itself is one of the most beautiful resorts on Rügen.

Alljährlich verweilen Tausende Kraniche auf ihrem größten europäischen Rastplatz - der „Rügen-Bock-Region". Vor allem im Herbst können hier bis zu 40.000 der majestätischen Großvögel über einen längeren Zeitraum beobachtet werden. Tagsüber laben sich die Kraniche gemeinsam mit zahlreichen Wildgänsen auf den abgeernteten Maisfeldern der Region, um sich Kraft- und Fettreserven für den langen Flug gen Süden zu verschaffen. Der geschützte Großvogel ist aufrechtstehend mit einer Körperhöhe von 1,25 m ein nicht zu übersehendes gefiedertes Juwel. Besonderer Blickfang an den Kranichen ist ihre „Schleppe". Diese wird von den über den kurzen Schwanz hängenden Schwungfedern gebildet. In Momenten der Erregung und während der Balz stellen die Vögel diesen Federschmuck zur Schau.

Every year, thousands of migrating cranes stop to recuperate in Europe's largest resting place for cranes, the Rügen-Bock region. Particularly in autumn, up to 40,000 of these majestic birds can be observed over several weeks. During the day, flocks of cranes and wild geese graze on maize stubble to build up their strength and fat reserves in preparation for the long flight south. Adult cranes reach a height of 1.25 metres. They are a protected species; and with their attractive plumage, always make a magnificent sight. Especially noticeable are the unusual tail feathers, which drape like a bridal train over the far shorter rump. When agitated or aroused, cranes display these decorative feathers to the full.

Die fast in Zeitlupe erscheinenden eleganten Balzsprünge bezeichnet man als den Kranichtanz. Neben den Kranichen, welche die Landstriche der Ostseeinsel von Ende September bis Anfang November bevölkern, können auf Rügen auch größere Schwärme an Watvögeln beobachtet werden. Im Frühjahrs- und Herbstzug nutzen tausende Strandläufer, Sanderlinge, Regenpfeifer und Schnepfen die nahrungsreichen Spülsäume der Ostseeküsten für eine Rast. Hier verweilen sie jedoch nur kurz, denn ihre Zugroute erstreckt sich über viele tausende von Kilometern. Das Ziel muss im Herbst rechtzeitig vor dem Einsetzen der ersten Nachtfröste erreicht werden. Im Frühjahr haben die brutwilligen Watvögel wieder wenig Zeit, denn die besten Brutreviere in der nordische Tundra sind schnell vergeben.

The "crane dance" is actually an elegant, slow-motion mating ritual. In addition to the cranes which populate great areas of land on Rügen from the end of September to the beginning of November, bird-watchers will be also able to spot large flocks of wading birds. During both the spring and autumn migration periods, thousands of sandpipers, sanderlings, plovers and snipe pause here to take advantage of the nutritious coastal flats of the Baltic shores. They do not stay for long, however, as their migration route extends to many thousands of kilometres. In autumn, it is imperative that the journey is undertaken before the first night frosts, and in the spring breeding period, time is also at a premium, for the most advantageous nesting places in the Nordic tundra are quickly occupied.

Im Oktober und November bevölkern nordische Wildgänse zu Tausenden die Landstriche der Insel Rügen. Auf ihrem Zug von den skandinavischen Brutrevieren zu den in Südeuropa liegenden Überwinterungsgebieten machen Bläss-, Weißwangen- und Saatgänse ihren Zwischenstopp auf Deutschlands größtem Eiland, wo sie sich in gewaltigen Schwärmen versammeln. Hinzu gesellen sich mancherorts größere Trupps der Kanadagänse, die aber das ganze Jahr auf der vorpommerischen Ostseeinsel anzutreffen sind. Bis zu 50.000 Wildgänse können es im Herbst sein, die täglich von ihren Schlafplätzen in stillen Boddenbuchten zu nahrungsreichen Äckern fliegen, wo sie sich für ihren anstrengenden Weiterflug in wärmere Gefilde Fettreserven zulegen.

In October and November, thousands of wild geese settle temporarily on Rügen. On migration from their Scandinavian breeding grounds to their winter quarters in Southern Europe, huge flocks of white-fronted, barnacle and bean geese break their journey on Germany's largest island. They are often joined by numerous Canada geese, a breed that lives here all year round. In autumn, up to 50,000 wild geese leave their haunts in Rügen's tranquil bays in search of its fertile plains. The favourite feeding-grounds of these wanderers between two worlds are fields of maize stubble. Maize harvesting techniques being far from perfect, some cobs always remain as welcome food for the geese, who thus build up the reserves of fat needed to continue the arduous flight to warmer pastures.

Zu den beliebtesten Vögeln gehören auf Rügen die zahllosen Schwäne. Während der Singschwan mit seinem gelben Schnabel und dem lauten Ruf nur als Wintergast bei uns ist, sind die größeren Höckerschwäne, kenntlich an dem roten Schnabel, ortstreu. Sie brüten an den Schilfgürteln der Bodden und Seen und bleiben uns auch in der kälteren Jahreszeit erhalten. Wenn der Winter besonders hart ist und die Gewässer bereits mit einer Eisschicht bedeckt sind, treffen sich in Häfen, Schleusen und Fährbecken Tausende Schwäne, die dort von den Einwohnern gefüttert werden.

Of all the birds on Rügen, the swans which live here in countless numbers are undoubtedly one of the most popular species. The whooper swan, with its yellow beak and penetrating call, is only a winter visitor to the island, but the rather larger mute swans, recognisable by their red beaks, have made Rügen their permanent home. They breed among the reed beds which border the island's inlets and lakes and do not abandon their territory even during the colder seasons. If there is a really hard winter and the water is covered by a layer of ice, the swans wing their way in thousands to the nearby ports, locks and ferry harbours, safe in the knowledge that the islanders will provide them with food.

Dort, wo der Mensch sich überwunden hat, der Natur ihre Freiheit zurückzugeben, wo er bereit ist, die Fesseln der Treibhäuser, den Züchterehrgeiz und das Nützlichkeitsstreben zu vergessen, dort zeigt sich sehr bald ein anderes Blühen in ungehemmter verschwenderischer Fülle. Diese sich selbst gestaltenden Naturgärten sind unsere neuen Paradiese. Sie geben uns das, wonach wir uns im Trubel der Arbeit sehnen: Weite, Schönheit und Ungebundenheit. Nicht der wissenschaftliche Name einer Pflanze, nicht die Nützlichkeit für Wirtschaft oder Gesundheit ist hier gefragt - einzig und allein die anmutige Schönheit zählt, um uns glücklich zu machen.

In the places where mankind has exercised sufficient self-discipline to give nature back its freedom - in the places where the confines of the greenhouse, the urge to breed special species and the desire for productivity have been deliberately abandoned - we find that very soon plants flourish in a completely different kind of way, in unrestricted, unrestrained abundance. These new natural gardens, which effectively look after themselves, are our new paradise. They give us just what we are looking for in the hectic world of work - a sense of escape, beauty, independence. We do not ask after the scientific name of a plant, nor after its suitability for commercial or medical use. To make us happy, we require nothing more than its graceful beauty.

So sehr sich der Bauer über die roten Mohnblumen zwischen den Getreidehalmen ärgert, so groß ist auf Rügen die Freude, wenn auf den heute stillgelegten landwirtschaftlichen Flächen sich ein dichter leuchtend roter Mohnteppich ausbreitet. Eine Freude für jeden Naturfreund und Fotografen. Leider währt die Pracht nur wenige Wochen, dann sind die Pflanzen abgeblüht.

The farmer may very well find the presence of glowing red wild poppies in the cornfields an annoyance, but these attractive flowers which spread out over uncultivated agricultural land in a thick scarlet carpet bring an equal measure of pleasure to those who do not live from the soil. The sight of Rügen's poppy fields is a joy to nature lovers and photographers alike, though unfortunately the glory of the poppies is but a short-lived phenomenon, for after a few weeks the flowers fade and die.

Das bekannteste Naturdenkmal der Kreideküste ist der majestätisch aufragende Königsstuhl mit etwa 119 m Höhe. Unser Luftbild (rechts) zeigt ihn zusammen mit dem neuen Nationalparkzentrum, das im März 2004 eröffnet wurde. Es entstand auf Initiative des WWF Deutschland und der Stadt Sassnitz als einmalige beeindruckende Naturausstellung. Auf 2000 m^2 Fläche können interessierte Besucher hinabtauchen in die geologische Urzeit Rügens und seiner Kreide. Sie enthüllt die verborgensten Geheimnisse in beeindruckenden Bildern und technisch meisterhaften Schauräumen. Eine unvergessliche Ausstellung für Alt und Jung, die neues Umweltbewusstsein und Verständnis für die Nationalparkidee erweckt wird.

The most famous landmark of the Stubbenkammer is the Königsstuhl, or King's Throne, a striking cliff nearly 119 metres high which soars above the deep wooded ravines to either side. The aerial photo (see p. 19) shows this impressive natural wonder of Rügen in all its majesty, together with the new National Park centre opened in March 2004. It is thanks to the World Wildlife Fund and the town of Sassnitz that this historic building beside the Königsstuhl now houses an impressive exhibition of local natural history in an area of 2000 sq. metres. With the aid of impressive pictures and specialised technical equipment, visitors can enjoy the fascinating story of Rügen chalk and learn about the island's prehistoric and geological past.

Ein reizvoller Spaziergang führt den Wanderer von Mukran zu einem seltenen Naturdenkmal. Plötzlich öffnet sich der dichte Wald und gibt den Blick auf die „Steinheide" oder „Steinernes Meer" frei. Gewaltige Sturmfluten haben wohl einst die 15 wogenartigen Steinwälle aufgetürmt. Das Material diente unseren Vorfahren als Rohstoff für Waffen und Werkzeuge, und zum Schlagen des lebensnotwendigen Feuers. – Als erstes Ostseebad Rügens war Sassnitz im 19. Jh. als Ferienziel der vornehmen Gesellschaft weitgerühmt. Sogar die Kaiserliche Familie besuchte den aufblühenden Badeort. Theodor Fontane schrieb in Effi Briest: „Nach Rügen reisen heißt, nach Sassnitz reisen!" Caspar David Friedrich und Johannes Brahms drückten in ihren Werken die Einmaligkeit dieser Landschaft.

From Mukran, a pretty path leads walkers to a natural feature of breathtaking beauty. Suddenly the dense woodlands open up to reveal a bare heathland known as the sea of stones. These banks of rock were formed by storm tides over 4000 years ago, and from them our ancestors extracted the raw material to manufacture weapons and tools and make the fire essential to their existence. - In the 19th century, Sassnitz, Rügen's first seaside resort, was famed far and wide as a holiday destination favoured by high society. This flourishing town even counted the German royal family among its visitors. In his novel Effie Briest, Theodor Fontane wrote: "Travelling to Rügen means travelling to Sassnitz!" Both Caspar David Friedrich and Johannes Brahms endeavoured to give expression to this impressive landscape.

Weiße Fährschiffe schlagen blaue Brücken zu unseren Nachbarn im Norden und Osten. Eisenbahnfähren verbinden Deutschland mit Klaipeda und St. Petersburg. Die Fähr- und Rundfahrtschiffe lassen ungezählte Feriengäste die Schönheiten der Rügenküste erleben, und der alte Produktionskai der Fischer ist heute eine bildschöne Flaniermeile für seehungrige Binnenland-Bewohner geworden. Gemütliche Hafengaststätten bieten gepflegte einheimische Spezialitäten, Räuchereien, wie die traditionelle Ostpreußische Hafenräucherei, bewirten mit Gerichten nach Rezepten aus der alten Heimat und Museen erzählen von harter und schwerer Tradition auf See.

From here white ferries plough the waves, linking Germany with neighbouring countries to the north and east: railway ferries provide connections to Klaipeda and St. Petersburg. On board of the ferry boats and round travel ships, countless visitors admire the strikingly beautiful coast of Rügen, and the beautiful old fishing quay has become a favourite haunt of landlubbers in search of a leisurely stroll along the sea front. Cosy harbour restaurants offer choice regional specialities, smokeries such as the long-established East Prussian Harbour Smokehouse serve traditional local fare, while museums bear witness to centuries of backbreaking toil endured by Rügen's seamen.

FRISCH-
SAS-001

„KOLOSS VON PRORA"

Das Großmachtstreben Hitlerdeutschlands hinterließ auf der Insel eine Ferienanlage unter der Bezeichnung „KDF-Bad Rügen". In der landschaftlich sensiblen Prorer Wiek wurde 1936 der Grundstein eines Kraft-durch-Freude Bades Rügen für 20.000 Urlauber gelegt. Es bestand aus acht sechsstöckigen Bauabschnitten zu je 500 m Länge. Der Krieg verhinderte die Fertigstellung des „längsten Hauses Europas", das lange Zeit als Kaserne für Soldaten der DDR diente und heute in eine ungesicherte Zukunft blickt.

During the Nazi dictatorship, a health centre for 20,000 workers was built on Prorer Wieck - the so-called Strength-through-Joy Resort. It was at once a great architectural achievement and a disaster for this once idyllic island. Europe's longest building consisted of eight six-storey sections, each 500 metres long. The war, however, prevented the completion of the so-called Colossus of Prora. After 1945 it was converted to barracks for the East German army.

Prora, Eisenbahn- u. Technik-Museum ▷

Heute befinden sich in Prora Museen, Werkstätten und eine Diskothek. In einer vorgelagerten ehemaligen Militärfahrzeughalle entstand ein imposantes Eisenbahn- und Technik-Museum mit Oldtimer-Autos, einem Düsenjäger und Dampflokomotiven.

Prora Wieck now houses museums, workshops and a discotheque. The former hall for military vehicles is now an imposing railway and technology museum with vintage cars, steam engines and an old fighter plane.

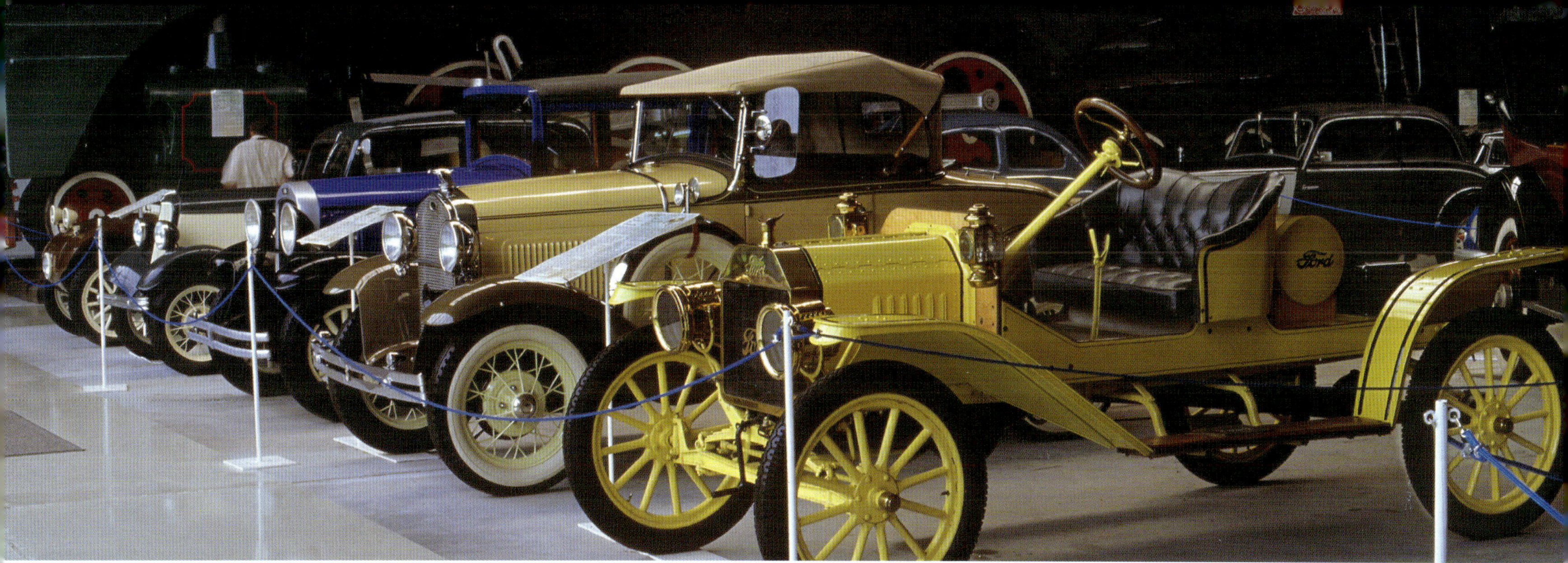
Ford

529
CHEVROLET

Dort, wo sich heute durch eine Schleuse der Kleine und der Große Jasmunder Bodden miteinander verbinden, gab es in vergangenen Jahrhunderten nur eine Furt. Die schweren Planwagen, die auf der alten Salzstraße ihre empfindliche Ladung in die Salzdörfer, die Vitten, liefern wollten, mußten diese Stelle passieren. Erst im Jahre 1868 wurde hier ein fester Damm mit Schleuse erbaut. Der damit beauftragte Architekt aber verliebte sich in diese ungewöhnlich reizvolle Landschaft so sehr, dass er sich auf dem begrenzenden Hügel ein Minischlösschen mit Aussichtsturm errichten ließ, um dort für immer zu leben. Heute ist dieses weithin sichtbare Schlösschen Wahr- und Wegzeichen des kleinen Ortes Lietzow geworden.

At the point where the Great and Small Jasmunder Bodden are today connected by a lock (see front map), there used to be no more than a ford in past centuries. The cumbersome horse-drawn carts which trundled along the Salt Road to deliver their precious load to the Vitten, or salt villages, all had to pass this dangerous point. Not until 1868 was a proper dam with a lock constructed to ensure a safe passage for all. The architect who designed it was so charmed by the unusually attractive scenery of the area that he decided to spend the rest of his life here and built a little mansion with an observation tower on a nearby hill. This house can be seen for miles and has become a landmark of the little town of Lietzow. .

Binz, das bedeutet weit über die Grenzen Rügens hinaus bekannte herrliche Strände mit weißem steinfreiem Sand. Das ist eine gepflegte kilometerlange Strandpromenade, flankiert von modernen Hotels und eleganten Villen in der berühmten weißen Bäderarchitektur und einem der schönsten Kurhäuser an der Ostseeküste. Alles, was sich ein erholungssuchender Gast nur an gesundheitlicher Betreuung und Unterhaltung wünschen kann, wird er hier für jeden Geschmack finden, und wenn vom Musikpavillon die heiteren Klänge der Kurkapelle über den Strand fliegen, wenn die Sirenen der weißen Urlauberschiffe zu einem Ausflug auf See laden, dann ist Urlaubszeit vom Feinsten angesagt.

The resort of Binz is famed well beyond the borders of Rügen for its superb beaches of fine white sand. The well-maintained promenade extends for kilometres along the beach and is flanked by modern hotels and elegant white villas, all designed in the attractive 'seaside resort' style. In addition, Binz has some of the most splendid assembly rooms along the whole of the Baltic coast. Everything that guests seeking rest and recuperation can desire in the way of health treatment and entertainment can be found here, and every taste is catered for. When the cheerful sounds of the town band ring out over the beach, when the sirens of the white pleasure boats invite holiday-makers on board, then this is the start of a vacation of the finest sort.

Neben Binz zählt das Ostseebad Sellin zu den bedeutendsten Urlauberzielen der Insel Rügen. Der Ort liegt hoch über der See mit herrlichem Weitblick. Wer im neuerbauten Kurhaus mit seiner modernen Farbgestaltung und der idealen Lage ein Zimmer gebucht hat, kann die Weite der See den ganzen Tag in allen Schattierungen und Stimmungen erleben. Die elegante Ausstattung und die freundliche Umsorgung werden ein Übriges tun, den Urlaub zu einem unvergesslichen Erlebnis werden zu lassen.

The Baltic seaside resort of Sellin is, together with Binz, one of the leading destinations for holiday-makers on the island of Rügen. Sellin is situated high above the seashore and therefore offers panoramic views of the surrounding area. The assembly rooms are located in an ideal position and have been completely rebuilt in a modern, colourful design. Anyone who books a room here will be able to spend the whole day admiring the splendid view of the sea in all its various subtle shades and moods. Add to this the elegantly appointed rooms and the friendly service, and it becomes obvious that a holiday in Sellin is surely destined to be an unforgettable experience.

Wenn man einenSelliner fragt, auf was er in seinem Heimatort besonders stolz ist, dann wird man die einhellige Antwort bekommen: „Auf die schönste Seebrücke Rügens!" Und das ist verständlich, hat man doch lange darum kämpfen müssen, diese Seebrücke in ihrer nostalgischen Gestaltung wieder als Blickpunkt des Badeortes feiern zu dürfen: die eleganten Speisesäle im Brückenhaus, die vorgebaute Plattform, ideal für Konzerte, Tanz- und andere Veranstaltungen, sowie die Möglichkeit, die ganze glitzernde Schönheit des abendlichen Meeres bei einem Bummel auf der Brückenpromenade zu genießen, haben die Seebrücke Sellins zum Erlebniszentrum des gepflegten Badeortes werden lassen.

If you were to ask the people of Sellin what makes them especially proud of their home town, you would receive a clear answer; "The finest pier on Rügen!" This is understandable, for there was a long struggle before the pier of Sellin was finally reconstructed as a nostalgic reminder of a bygone age, and was able to celebrate its comeback as the most famous landmark of this once renowned seaside resort. Now it is a pleasure to take an evening stroll along the pier promenade and admire the elegant pier dining-rooms, the front platform which makes an ideal setting for concerts, dances and other festive events and of course the dark, glittering beauty of the ocean panorama all around.

Mit dem Aufschwung der kleinen Fischerdörfer auf Rügen begnügten sich die anreisenden Feriengäste bald nicht mehr mit einfachen rohrgedeckten Katen. Form und Ausstattung mussten den Ansprüchen des Großbürgertums genügen. Sonne und Licht sollten die Häuser ausstrahlen. Und so holte man Architekten aus ganz Deutschland in den Norden, die mit Phantasie und Schaffensfreude eine völlig neue Architektur mit offenen Veranden, lichtdurchflossenen Räumen, verspieltem Zierrat, Türmchen und Zinnen, Veranden und Loggien schufen. Eben das, was wir heute Bäderarchitektur nennen, und was unsere Badeorte, wie hier Sellin, so freundlich verspielt wirken lässt

As Rügen's little fishing villages developed into resorts, summer guests were no longer content to stay in thatched huts, demanding instead well-designed holiday accommodation and furnishings that conformed to wealthy middle-class taste, in elegant buildings that radiated light and sunshine. Architects from throughout Germany were therefore brought to the north and commissioned to create a new style of architecture with open verandas, rooms flooded with light, arabesque embellishments, towers, turrets, verandas and balconies. Their imaginative, inventive efforts resulted in a typical Baltic seaside architecture that makes a resort like Sellin (see photo) so welcoming and appealing.

Kleinbahnfest in SELLIN

Bei der Pflege nostalgischer Urlaubserlebnisse spielt auch unsere historische Kleinbahn, der „Rasende Roland" eine bedeutende Rolle. Wenn jedes Jahr im Mai in Sellin das Kleinbahnfest im historisch ausgestatteten Biergarten, dem ehemaligen Bahnhof, stattfindet, dann wird die kleine freundliche Bahn auch zum Spielfreund für die jüngsten Gäste, für die sie extra ein paar Sonderfahrten spendiert. Und, wie immer, sorgen auch unsere „Mönchguter Fischköpp", wie die allseits beliebte Folkloregruppe genannt wird, für ein paar beschwingte Ferienstunden.

Mini-train festival in SELLIN

Visitors in search of the nostalgia of bygone seaside holidays will appreciate a ride on the historic Rasende Roland [Racing Roland]. Roland plays an important role in Sellin's annual mini-train festival, held in May in the imaginatively decorated historic beer garden that once served as Sellin's railway station. The friendly little train is a particular favourite with the children, for special rides are organised for Sellin's youngest visitors. And as always, the performers of the Mönchguter Fischköpp, a well-loved local folk music group, provide lively entertainment for all Sellin's holiday makers.

Einer der liebenswertesten Badeorte im Südosten Rügens ist Baabe. Genau an der Grenze zwischen Mittelrügen und dem Mönchgut gelegen, haben die Bewohner dieser traditionsbewussten Halbinsel dem Ostseebad zwischen Selliner See und Ostsee den Charakter des ehemaligen Fischerdorfes erhalten. So finden wir bunte Netzfähnchen und schwarzgeteerte Boote unmittelbar neben den bunten Strandkörben, Campingmuscheln und Strandburgen.

Baabe is one of the pleasantest bathing resorts in the south-east of Rügen. It is situated directly on the border of the districts of Central Rügen and Mönchgut. The inhabitants of the Mönchgut peninsula have always been very concerned to preserve local traditions, and for this reason have succeeded in maintaining the rustic character of the former fishing village of Baabe, picturesquely located between Lake Sellin and the Baltic. So it is that we find bright pennants and black-tarred boats immediately adjacent to the colourful wicker beach chairs, windbreaks and sandcastles.

Hier, in dieser unbeschwerten Urlaubsatmosphäre gibt es keine Standesunterschiede, sondern nur das frohe gemeinsames Ferienerleben, nach dem man sich während eines ganzen langen Arbeitsjahres gesehnt hatte. Die Kurverwaltung hat sich für Sport und Spiel, für Strandfeste und andere Unterhaltungen viel einfallen lassen und so ist Baabe besonders für Eltern mit Kindern der ideale Urlaubsort auf Rügen.

Here, in this free-and-easy holiday atmosphere, class differences disappear, and all that remains are the happy shared holiday experiences which everyone has been looking forward to during the whole past working year. The resort authorities have introduced plenty of opportunities for sports and games, beach parties and other forms of entertainment, and thus Baabe has become Rügen's ideal seaside destination for the traditional family holiday with children.

Kann man als Frühaufsteher am Oststrand den Sonnenaufgang in all seiner Schönheit erleben, so bietet uns an der Westseite das Baaber Bollwerk am Ende des alten Fischerdorfes einen ebenso romantischen wie schönen Sonnenuntergang. Hier, wo die Wasserwanderer mit ihren Segeljachten und Motorbooten ihr Domizil gefunden haben, schlängelt sich ein schmaler Wasserarm, umrahmt von Schilf, vom Selliner See in die Having. Langsam taucht die Sonne tiefer hinter den Hügelkuppen in die weich aufsteigenden Nebelschwaden und das Abendlied singen dazu die leise plätschernden Wellen, begleitet von dem Knarren der Takelage in den Masten der Boote. - Nordperd, das klingt nach Sturm, Seegang und Seenot. Seit Urzeiten liefer-ten sich an dieser Stelle Meer und Land einen noch heute dauernden Kampf.

From the eastern beach, early risers can experience the sunrise in all its glory, while the Baaber bastion, situated at the very end of the old fishing village, offers an equally romantic sunset. Here, where the sailors with their yachts and motor boats find quiet domicile, a narrow stretch of water, lined by the reed beds of Lake Sellin, flows into the Having. As the sun slowly descends into the rising swathes of mist behind the tops of the hills, the waves softly murmur their evening song, accompanied by the rhythmic rattling of the ropes on the masts of the swaying boats. – Nordperd: to local people, this name conjures up images of storms, waves and perilous voyages. For centuries sea and land have battled here, with no sign of ceasing.

Weiße Sandflächen leuchten aus dem Grün des Küstenwaldes und es ist wohl verständlich, dass die Menschen gerade hier eine Lotsenstation errichteten, als Hilfe gegen die Seenot. Oben, gleich hinter dem Nordperd, ducken sich die Häuser der heimlichen Hauptstadt des Mönchgutes Göhren. Traditionsbewusst und herb, aber gastfreundlich und weltoffen waren die Göhrener schon immer. In ihren Heimatmuseen zeigen sie das, was ihr Leben gestaltete - Seefahrt und Landwirtschaft.

White sands gleam and slashed into the green of the coastal woodlands, and it is obvious that just in this place a pilot station was erected as a guide for sailors in distress. Rather higher up, just behind Nordperd, nestle the houses of Göhren. Göhren is the unspoken capital of the peninsula of Monchsgut, and its inhabitants, if plain-speaking and very conscious of their heritage, nevertheless are liberal in their outlook and give a warm welcome to visitors. Their local history museum displays objects associated with the tasks that have always structured daily life in Göhren: farming and fishing.

Gewaltige Eisenanker, die von Fischern entdeckt wurden, künden von den Großseglern vergangener Zeiten, die wahrscheinlich hier an den Klippen des Nordperd zerschellten. Fischerboote zeugen von dem harten Leben auf See, in dem die Menschen unter täglichem Einsatz ihres Lebens dem Meer das abrangen, was sie zum Überleben brauchten. Heute ruht so manches der starken Eichenboote unter den fülligen Baumblüten von Seefahrt und Sturm aus, und diese Ruhe hat es verdient.

These gigantic iron anchors, discovered by fishermen, tell of a bygone age of great sailing vessels. Many may well have ended their final journey here on the cliffs of Nordperd. The museum's fishing boats bear witness to the strenuous labours of life at sea, of times when people risked their lives daily to wrest from the salty waters what they needed to survive. Many of these sturdy oak boats have now found a resting-place below the falling petals of blossoming trees, enjoying a well-deserved retirement after all those stormy years at sea.

In keiner Landschaft der Insel Rügen hat man die alten Traditionen der Bauern und Fischer so bewahrt, wie auf dem Mönchgut. Hier tragen die Männer noch zu festlichen Anlässen die weiten weißen Leinenhosen, mit dunkler Jacke und Schiffermütze, während die Frauen in ihrer dunkel gehaltenen Tracht mit farbiger Schürze und den kostbaren Stickereien einen freundlichen Gegensatz dazu bilden. Dieser Tracht verdankt auch der alte Volkstanz Schüddel-de-Büx seinen Namen, denn das Schütteln der Hose bildet den Hauptteil des Tanzes. Das traditionelle Bild wird ergänzt durch die alten rohrgedeckten Fischer- und Bauernhäuser, die vom harten Leben der Fischerbauern sprechen, aber auch vom Stolz auf die reichen Traditionen des Mönchgutes künden.

No area of Rügen observes the local traditions of farmers and fishermen as devotedly as Mönchgut. On special occasions the men still don a traditional outfit of wide white linen breeches, dark jacket and seaman's cap. The women's costume is, in contrast, more cheerful; their black dresses are richly embroidered and on top they wear a colourful apron. The name of the dance performed here, Schüddel-de-Büx (Shake the Breeches) refers directly to this costume, for the main part of the dance consists of this very action. Of course the traditional picture is enhanced by the setting of the old thatched farmers' and fishermen's cottages. They not only tell of the hard life of the fisherman-farmers but also of their pride in preserving the rich heritage of Mönchgut.

Thiessow ist der südlichste Zipfel der Ostküste Rügens. Der Badeort ist fast völlig vom Wasser umgeben. Der Osten mit den schönsten Stränden wird umspült von den Wellen der Ostsee, der Süden grenzt an den Zusammenfluss von Meer und Greifswalder Bodden, im Osten begrenzt der Zicker See die schmale Nehrung zwischen Thiessow und Klein Zicker, und nur im Norden verbindet eine bewaldete Landzunge den freundlichen Badeort mit dem Hauptteil Mönchguts. Auch Thiessow lebt zu einem großen Teil von den reichen Heringsfängen, welche die Ostsee besonders im Frühjahr den Fischern schenkt, wenn die großen Heringsschwärme die Küsten zum Laichen aufsuchen.

Thiessow marks the southernmost point of the east coast of Rügen. This seaside resort is almost entirely surrounded by water. The eastern part, which has the best beaches, is washed by the waters of the Baltic, while the south borders the confluence of the sea and the great bay of Greifswalder Bodden. To the west, the waters of Zickersee adjoin the narrow neck of land between Thiessow and Klein Zicker, and it is only in the north that a wooded strip of countryside connects this friendly resort with the main section of the Mönchgut peninsula. Thiessow still depends heavily on rich catches of herring for its income. The most extensive catches come in spring, when vast shoals of herring swim up the coast in search of breeding grounds.

Das Flachwasser zwischen Thiessow und dem bezaubernden Fischerdörfchen Klein Zicker lockt Touristen und Einheimische an den äußersten Südostzipfel Rügens. Und während die Wanderer einen der schönsten Aussichtsberge besteigen, der sich über Klein Zicker erhebt, starten Surfer bei jedem Seegang, um sich mit Hilfe einer Surfschule in ihrem schönen Sport zu vervollkommnen. Die kräftige Brise, für diese Region typisch, verbunden mit leichtem Wellengang, fordert auch die Fortgeschrittenen mit ihren Surfbrettern bis an ihre Leistungsgrenzen heraus, und so kann man von dieser Landschaft von einem wahren Surfparadies sprechen.

The shallow waters between Thiessow and the charming little village of Klein Zicker, on the southernmost point of Rügen, are not only popular destinations for tourists and walkers in search of one of Rügen's finest hilltop observation points, in the vicinity of Klein Zicker. Wind-surfers too are attracted to the area, and whatever the conditions at sea, they gather here to perfect their techniques in this fine sport with the aid of surfing school instructors. A combination of a perceptible swell and the stiff breezes that are typical of this area can test the capabilities of the most experienced surfers on their surfboards, and so one can justly refer to this part of Rügen as a true wind-surfer's paradise.

See- und Küstenfischer
See- und Küstenfischer

Der Fischreichtum der Gewässer am Greifswalder Bodden ermöglichte den Küstenbewohnern seit jeher ein gutes Auskommen. In den vergangenen Jahrzehnten hat man wegen der günstigen Bedingungen sogar versucht, Meerforellen zu züchten. Aber der wichtigste Erwerbszweig war von jeher der Heringsfang. Wenn manchmal sogar schon im Februar, der Hering gemeldet wurde, standen Fischer mit ihren Frauen bereit. Während die Männer die ständig vollen Netze anlandeten, mussten die Familien die Fische aus den Netzen „puken", eine Arbeit, welche die Menschen oft bis an die Grenzen ihrer Kräfte forderte. Aber der Heringsfang im Frühjahr bestimmt, ob ein reiches oder ein armes Jahr bevorsteht.

The rich fishing grounds of Greifswalder Bodden have always ensured local people a profitable existence. In recent decades, this favourable environment prompted an attempt to breed salmon trout here, although the herring industry still provides the main source of employment. In former times, when the first shoals of herring of the year were sighted, often as early as February, the fishermen and their wives would be ready and waiting. As the men hauled in one brimming net of herring after another, their families removed the catch ready for the next foray; those who performed such strenuous tasks would find their strength taxed to the limit. But the size of the spring herring catch determined the size of the family income for the rest of the year.

GEDICHT ÜBER MÖNCHGUT

VON WALTER FLEGEL

Dem Ozean entsprungne Wogen,
schon vor Jahrhunderten erstarrt.
Das Land mit Kargheit überzogen,
in Unbeweglichkeit verharrt.

Der Wucht des Meeres widerstanden,
den stummen Wirkungen der Zeit,
den Menschen, die ihr Ufer fanden
in hafenhafter Sicherheit
der stillen mütterlichen Buchten.

In ihnen schufen See und Land
allmählich schattenwarme Schluchten
und manches Höft, in dessen Wand
seefarbne flinke Uferschwalben
die Brut versorgen, ruhelos.

Vor Ort und Stränden brechen Dalben
des Wassers ungestümen Stoß.
Ich gehe über braune Hänge,
mir heimatlich und lang vertraut,
verlier in ihnen jede Enge
wie graue unbrauchbare Haut.

Wenn diese Hügel mich umgeben,
treibt mich kein Regelmaß der Zeit.
Hier übersehe ich mein Leben,
als wäre es Vergangenheit.

Behutsam senkt sich die Abendstille über Dorf und Bucht. Noch einmal glühen Wasser und Wolken auf im Widerschein der untergehenden Sonne. Der schrille Schrei einer letzten Möwe stört diese Idylle ebenso wenig wie das leise Plätschern des Boddenwassers im Schilf. Ein paar Boote ruhen draußen vor Anker nach fröhlichem Kampf mit Wind und Wellen. Der Wanderer, der sich hier träumend niedergelassen hat, vermag sich schwer vorzustellen, dass sogar dieses kleine Dorf einst zum Schlachtfeld wurde, als 1715 mit Kriegsgetöse und dem Donner der Kanonen, Preußen und Schweden um dieses Stückchen Rügen rangen und es zerstörten. Aber das liegt weit zurück. Die Wunden sind längst vernarbt und Groß Stresow strahlt wieder Ruhe und Frieden aus.

As the quiet of evening descends gently over village and bay, the last dying glow of the clouds and the water reflects the mellow light of the setting sun. Nothing can disturb this idyll, neither the shrill cry of a solitary gull nor the lapping of the waters on the reedy shores. A few boats lie at anchor, at peace after their lively struggle with wind and waves. For the rambler who sits here as if in a dream, it can scarcely seem credible that in 1715 this little village was the scene of a great battle. Amid the clamour of war and the thundering of cannons, Prussians and Swedes fought bitterly for this part of Rügen and finally razed it to the ground. But those days are long gone, the wounds are healed, and now Gross Stresow radiates peace and tranquillity.

JAGDSCHLOSS GRANITZ

In den Jahren 1836 bis 1846 wurde es errichtet, das stolze Jagdschloss mit seinen vier Ecktürmen und einem apsisartigen Halbturm. Der kunstliebende Fürst Malte gewann dazu den Berliner Architekten Johann Gottfried Steinmeyer. Er entwarf den Bau im Stil der Tudorgotik mit einem von Schinkel empfohlenen 38 m hohen Mittelturm. Auffällig ist die kunstvoll geschmiedete, in der Turmwand verankerte Wendeltreppe. Sie führt zu einer Aussichtsplattform, die sich 144 m über dem Meeresspiegel erhebt. Von dort genießt man den schönsten Rundblick, den Rügen zu bieten hat. Bis nach Arkona und Hiddensee reicht das Panorama. Von fern grüßen die Kirchtürme von Stralsund und Greifswald herüber und hinter dem Blau der Ostsee zeichnen sich an klaren Tagen sogar die Küsten der Insel Usedom ab.

HUNTING LODGE GRANITZ

This proud hunting lodge with its four corner towers and semicircular entrance tower was built between 1836 and 1846. The art-lover Duke Malte commissioned the Berlin architect Johann Gottfried Steinmeyer to design his mansion, and the result was a building in so-called Tudor Gothic style. The 38-metre-high central tower was added at the suggestion of the royal architect K.F. Schinkel. One of its features is a spiral stairway fixed to the wall, leading to an observation platform 144 metres above sea level. There is no better point from which to enjoy a panorama of Rügen. The view takes in Arkona, Hiddensee and the mainland churches of Stralsund and Greifswald, and on clear days even the isle of Usedom is visible over the blue waters of the Baltic.

Seit über hundert Jahren rollt die kleine Bahn mit schnaufender Lokomotive und einer Kette bunter Wagen auf verschlungenen Schienenpfaden über die Insel. Die „lütte Bahn“, wie die Einheimischen sie nennen, hat die Fischerdörfer an der Ostküste erst zu dem gemacht, was sie heute sind, zu modernen Badeorten. Endlich war es vorbei mit dem Ausbooten, dem anstrengenden Umweg über Schiffe und Seebrücken. Nun konnte man bequem mit einer richtigen kleinen Eisenbahn in die Sommerfrische fahren. Ein „Rasender Roland“ aber ist die kleine Bahn eigentlich nie gewesen. Sie ließ sich stets Zeit, damit die zahlreichen Gäste schon während der Fahrt die Insel Rügen erleben und genießen konnten. Und so sollte es auch bleiben.

For over a century this little train with its puffing locomotive and string of colourful coaches has chugged its way around the meandering railway lines of the island. Known to islanders simply as the little train, it is an institution that enabled the fishing villages on the east coast to achieve the status they enjoy today - that is, as modern-day health resorts. The advent of the railway meant the end of all those laborious journeys by boat and steamer, with all the accompanying rigours of landing-stages and life on board. The name Racing Roland has, however, always been a misnomer. Without fail, the train takes its time, so that the numerous passengers can experience and enjoy the island of Rügen at their leisure. And that's how it should stay.

Da die Waldstraße zum Jagdschloss für Motorfahrzeuge gesperrt ist, kann unser Gast ein kleines Pendel-Bähnchen besteigen, das von verschiedenen Haltestellen in Binz oder vom Parkplatz Süllitz aus den Tempelberg hinauf zum Jagdschloss fährt. Unterwegs erläutert ein fachkundiger Fahrer die touristischen Sehenswürdigkeiten am Wegesrand. Besonders reizvoll ist es, wenn man die Reise mit einem Kutschwagen unternimmt. Die Fahrt durch den herrlichen Buchenwald der Granitz mit seinem großen Wildbestand und der hügeligen Landschaft wird sicher für jeden Naturfreund zu einem unvergesslichen Erlebnis werden. Auch die Kleinbahn hat in einiger Entfernung vom Schloss einen Haltepunkt. Von dort führt ein schöner Wanderweg direkt zum Schloss.

As the woodland road to the hunting lodge is closed to motor vehicles, the best way for visitors to reach Granitz is to catch the little beach train that stops in Binz and at the Süllitz car park before making its way up the Tempelberg [temple hill] to the lodge. The train driver points out all the interesting sights along the route, with explanations, and the train stops half-way up so that more energetic tourists can dismount and make their way on foot up the pretty footpath leading to the top. But the most attractive way to reach the lodge is by horse-drawn carriage. The drive through the splendid beechwoods, deer parks and hilly countryside of Granitz will surely provide an unforgettable experience for nature-lovers.

Die schönsten und größten Hünengräber Rügens finden wir in der Feldmark von Lancken Granitz. Hier kann der Besucher mit Ehrfurcht die reiche Geschichte Rügens nacherleben. Vor 4000 Jahren und noch früher bauten die Jäger, Fischer und Ackerbauern den Verstorbenen für ihre damaligen Möglichkeiten gewaltige Monumente aus Findlingsblöcken. Es waren Familiengräber, von denen heute noch die Überreste von etwa 55 Beisetzungsstätten erhalten sind. Leider wurden auch viele ein Opfer des Straßenbaues. Vor 3500 Jahren verstanden die Menschen bereits, Metall zu verarbeiten. Es war die Bronzezeit, deren Hügelgräber wir heute noch an erhabenen Stätten, besonders auf Hügeln gelegen als Wahrzeichen der Insel bezeichnen können.

The finest and largest of Rügen's megalithic burial sites are to be found in the parish of Lancken Granitz. They are an awesome sight, and here visitors can readily immerse themselves in the remarkable history of the island. About 4,000 years ago, and even before, hunters, fishermen and farmers erected vast monuments to their dead using great glacial boulders known as erratics. Given the crude technology of the time, these are amazing burial sites, and today about 55 are still extant. Others, sad to say, fell victim to road-building programmes. These tumuli date from the Bronze Age, the era when people first learned to work metal, and as they are normally located on hills, they have become one of the island's characteristic landmarks.

PUTBUS „Zirkus"

Die alte Fürstenresidenz Putbus ist wohl der ungewöhnlichste Ort Rügens. Gleich am Eingang der Stadt in Richtung Bergen öffnet sich die Straße zu einem weiten Rund, dem Circus. Fürst Malte I. ließ ihn 1828 anlegen. Der kreisrunde Repräsentationsplatz wirkt nicht protzig, sondern er passt sich mit seinen weißen Häuserfassaden und seinem schlichten Ornamentschmuck dem edlen Fürstensitz an. Unter allen Gebäuden, deren Fenster auf eine parkähnliche Anlage mit zentralem Obelisk blicken, ragt das Pädagogium durch seine Größe beherrschend heraus. Bei der Gründung der Stadt ordnete der schönheitsliebende Regent an, dass vor allen Häusern der Stadt rote Rosen zu pflanzen seien und die Putbuser sind diesem Brauch bis heute treu geblieben.

PUTBUS, The Circus

The old town of Putbus, once the seat of the local Dukes, is surely Rügen's most unusual town. As you enter Putbus on the road from Bergen, the street opens out into an impressive circular space known as the Circus, built by Duke Malte in 1828. The Circus is, however, neither showy nor elaborate, for the white facades of its houses and modest architectural embellishments are designed to harmonise with the elegant simplicity characteristic of Putbus. The Pedagogium is the highest and most impressive building of those surrounding the park-like square and central obelisk. When the town was founded, the aesthetically-minded Regent ordered red roses to be planted in front of all the houses, a custom faithfully upheld by residents to this day.

Während das fürstliche Schloss leider aus Gründen, die heute nicht mehr klärbar scheinen, abgerissen wurde, konnte der Park, der mit 75 ha zu den größten Norddeutschlands zählt, in alter Schönheit erhalten werden. Hier findet der Besucher eine Fülle dendrologischer Kostbarkeiten. Der Park selbst entstand aus einem Barockgarten, der später zu einem Landschaftspark umgestaltet wurde und bis auf die direkte Umgebung des Schlosses für die Öffentlichkeit stets zugänglich war. Ungewöhnlich, dass sich hier auf großen Flächen Bärlauch angesiedelt hat, der in seiner Blütezeit den Park mit seinem knoblauchartigen Geruch erfüllt. Zum Park gehört auch das weite Areal eines Wildparks mit einem stattlichen Bestand an Dam- und Rotwild.

Although the residence of the Counts of Putbus was demolished, for reasons that have never been fully explained, the grounds survive in all their former glory. With an area of 75 hectares, the park is one of the largest in North Germany and is of considerable dendrological interest. Originally there was a Baroque garden here, which was later redesigned as a landscaped park. Apart from the area adjacent to the house, the grounds have always been open to the public. An unusual feature is the presence of extensive patches of ramsons, a member of the wild onion family, which when it blossoms fills the park with a powerful smell of garlic. One large section of the park is now a wild life enclosure and home to numerous herds of red deer and fallow deer.

Der besondere Stolz der Putbuser und darüber hinaus der Rüganer ist das bildhübsche Residenztheater hinter den uralten Eichen, das 1819 bis 1821 errichtet wurde. Ursprünglich diente es zur Unterhaltung der Adeligen und anderer hervorragender Gäste des Fürstenhauses. Heute gilt es nach einer umfangreichen Renovierung als eines der schönsten norddeutschen Kammertheater. Für Rüganer ist ihr Theater der kulturelle Mittelpunkt der Insel. – Man taucht plötzlich in einer anderen Welt unter, und das kann man wörtlich nehmen, denn die Gaststätte ist innen mit viel Liebe und Einfallsreichtum in das berühmte U-Boot Nautilus des legendären Kapitäns Nemo verwandelt worden. Über dessen Abenteuer hat der phantasiereiche Jules Verne in einem seiner bekanntesten utopischen Bücher berichtet.

The pride and joy of the islanders of Hiddensee, and indeed of Rügen, is the charming Putbus theatre which stands behind a group of ancient oaks. It was built between 1819 and 1821, although for a rather different public from today's audiences; it originally served as a place of entertainment for the Duke's aristocratic and eminent guests. It subsequently underwent extensive renovation and these days is valued as one of the most beautiful studio theatres in the north of Germany and a focus of the island's cultural life. – Walk through the doors of the Nautilus restaurant and you suddenly find yourself immersed in another world. This is meant literally, for the interior of the restaurant has been meticulously converted into a faithful replica of the legendary Captain Nemo's submarine, the Nautilus.

BARMER
Deutsche Bank

Inselhauptstadt BERGEN

Die Metropole der so ungewöhnlichen Insel Rügen ist eigentlich Bergen. Die sehr lokalpatriotischen Rüganer sich früher vorwiegend als Jasmunder, Wittower, Ummanzer oder Mönchguter sahen und wenn sie nach Bergen fuhren, die Stadt als Ausland betrachteten. Heute verdient Bergen den Namen Inselstadt. Im Bild sieht man den Marktplatz, an dem sich auch die spätromanische Basilika St. Marien befindet und daneben das Stadtmuseum.

Bergen is regarded as the metropolis of this most unusual island of Rügen, for the islanders, being local patriots to an extreme, used to regard themselves not as Rügener, but rather as Jasmunder, Wittower, Ummanzer or Mönchguter. When they ventured into Bergen, they saw it as the equivalent of a trip abroad. Today, Bergen is the principal town of Rügen. The photo shows a view of the market place, where the late Romanesque basilica of St Mary can be found. Next to the church stands the town museum.

Ernst-Moritz-Arndt-Turm ▷

Der Ernst-Moritz-Arndt-Turm von 1876 erinnert an den größten Sohn der Insel in hohen Ehren. Auf sein unermüdliches Drängen hin hob der Schwedenkönig 1806 die unmenschliche Leibeigenschaft auf. Vom Turm genießt der Besucher einen unvergesslichen Blick über die ganze wundervolle Insel..

The Ernst Moritz Arndt tower (dating from 1876) stands as a memorial to the greatest son of the island. Arndt is still a greatly respected figure in the region, for it was he who unflaggingly challenged the harsh, feudal rule of the Swedish kings until their domination of Rügen finally came to an end in 1806.

Deutsche Alleenstraße auf Rügen

Der schönste Auftakt für einen Rügenbesuch ist eine Fahrt durch die herrlichen Alleen. Es kommt nicht von ungefähr, dass die touristische „Deutsche Alleenstraße" auf Rügen beginnt und bis nach Süddeutschland unsere so lange geteilte Heimat durch ihr grünes Band verbindet. Die Rüganer sind stolz darauf, dass sie durch sehr energische Aktionen diese einmaligen Naturdenkmäler vor Axt und Säge bewahren konnten. Sie stehen heute unter strengem Schutz.

GERMAN-TREE-LINED AVENUE

The pleasantest way to start your visit to Rügen is to take a trip along the beautiful tree-lined avenue. It is no coincidence that Germany's new Avenue Route begins on Rügen and, like a green ribbon, leads down as far as South Germany. The islanders of Rügen are justly proud that they have been able to preserve these unique natural monuments from the axe and the saw. They fought energetically to maintain this heritage, which today is protected by strict conservation laws.

Wenn liebe Gäste kommen, schmückt man sich mit dem, was die Jahreszeit gerade zu bieten hat. Die ersten Begrüßungssträußchen für Rügenurlauber sind die Winterlinge mit ihren kleinen goldenen Sonnen. Kurze Zeit später präsentieren sich unsere Wälder in der Pracht der Buschwindröschen, um dann den ersten Höhepunkt Anfang Mai zu bieten. Rügen schmückt sich mit einer Fülle goldleuchtenden Ginsters, wie wir es hier zwischen Binz und Bergen erleben. Der Sommer bietet alle Farben des Regenbogens der Insel, und wenn der Herbst die Buchenwälder zu schmücken beginnt, genießt der Wanderer das sonnendurchstrahlte Laub wie farbige Sinfonien. Der Winter allerdings ist eine Jahreszeit für Kenner. Schnee und Eisgebirge vor der Küste werden noch einmal zum unvergesslichen Höhepunkt des Jahres.

When welcome guests announce their arrival, one chooses the best decorations that the season allows. The first welcoming flowers to greet visitors to Rügen are winter aconites, which look like little golden suns. Not long afterwards the woods fill with a carpet of wood anemones, and then comes the climax in the island's flora at the beginning of May. Rügen blossoms in a sea of golden broom, as can be seen here in the area between Binz and Bergen. Summer flowers provide a rainbow of brilliant hues in the island's nature reserves, and when autumn turns the foliage of the beech woods to copper, walkers are treated to sunshine playing on the leaves in symphonies of shimmering colour. Winter, though, a high point of the year, when snow and ice cover the coastal hills, yet again an unforgettable scene.

Nach der Christianisierung Rügens im Jahre 1178 wurde Ralswiek das Handelszentrum der Ranen – ein Tafelgut des dänischen Bistums Roeskilde. Im alten Schloss nahm der Beauftragte des Bischofs die Abgaben entgegen. 1891 wurde Ralswiek an den Grafen Douglas verkauft, der 1893-96 oberhalb des Ortes ein neues Schloss in Anlehnung an die französischen Loire-Schlösser mit zwei runden Ecktürmen errichten ließ. Zur Zeit wird das herrlich gelegene Schloss in eine hochmoderne Hotelanlage verwandelt, allerdings ohne den Baustil zu verändern. Unterhalb des Schlosses finden am Ufer des Jasmunder Bodden jährlich von Juni bis August die Störtebeker Festspiele statt.

After Rügen was converted to Christianity in the year 1178, Ralswiek, which was the main trading post of the local tribe, fell under the jurisdiction of the Danish diocese of Roeskilde. From that time on, the Bishop sent his official representatives to the Alte Schloss to collect taxes from the parishioners. In 1891, Ralswiek was sold to Count Douglas, who, between the years 1893 and 1896, built a new residence in a splendid location above the village. The two round towers at its corners were modelled on the style of the chateaux of the Loire. At present this palace is being converted to a modern hotel, although the original architectural style will be preserved.

RALSWIEK, Störtebeker-Festspiele

Die Begeisterung der allabendlichen 10.000 Zuschauer fegte alle Einwände aus dem Wege. Nach fünfjähriger Spielzeit wurden die Festspiele, zur Trauer aller Inselbewohner, abgesetzt und nach der Wende gegen alle Widerstände im neuen Gewand und unserer Zeit entsprechend wieder ins Leben gerufen. Und so erleben wir zu unserer Freude alljährlich von Ende Juni bis Ende August wieder Kriegskoggen der Hanse im Kampf gegen die Piratenschiffe unter der Führung Klaus Störtebekers und Goedecke Michels, leiden und jubeln mit dem armen Volk in seiner Auflehnung gegen Ritterschaft und Kaufherren.

RALSWIEK, Störtebeker festival

The enthusiasm with which 10,000 spectators greeted by the first Störtebeker festivals each evening brushed all objections aside. But the festivals only lasted for five years before the idea was abandoned, to the great dismay of the islanders. After reunification, the festivals were brought back to Ralswieck, in the face of much opposition, in a new guise and more suited to the times. And so, from the end of June to the end of August, the islanders once more delight in the annual sight of the old Hanseatic cogs battling against the pirate ships under the command of Klaus Störtebeker and his faithful companion Goedecke Michael, and can share the joys and sorrows of the poor in their struggle against the affluent knights and merchants.

Doch das kleine Dorf Ralswiek am Großen Jasmunder Bodden hat für Rügen und darüber hinaus noch eine viel größere Bedeutung. Bereits im Jahre 1959 entdeckten fortschrittliche Theaterleute aus dem Norden die einmalig schöne Lage des Dorfes und man plante auf einer riesigen Freilichtbühne die Inszenierung eines Theaterstücks, welches an den Piraten Klaus Störtebeker erinnern sollte. Sein Andenken als dem Freund der Armen und dem Feind der Reichen sollte hier lebendig werden. Das Vorhaben gelang, obwohl es den Führenden durchaus nicht in die politische Landschaft zu passen schien.

The little village of Ralswieck, situated on the Great Jasmunder Bodden, has a special significance for Rügen and beyond. As long ago as 1959, progressive theatre groups from the north discovered the uniquely beautiful setting of the village and began to make plans for an open-air drama on a huge stage. The aim of the festival was to evoke the memory of the famous pirate Klaus Störtebeker, who as local legend relates, was a kind of Robin Hood figure, the friend of the poor and the enemy of the rich. The project was a success, although to the country's leaders it scarcely seemed appropriate to the political climate of the times.

RALSWIEK, Schwedische Holzkirche

Ralswiek war nie ein Kirchdorf. Zunächst wurde für die wenigen Fischer und Bauern der Gottesdienst im Probsteigebäude abgehalten. Erst im Jahre 1709 erhielten die Ralswieker eine kleine original schwedische Kapelle als Geschenk. Das hölzerne Kirchlein mit dem Dachreiter und den weiß abgesetzten Balken, im schönen Kontrast zu dem typischen schwedischen Rot, erinnert den Besucher an die jahrhundertelange schwedische Herrschaft über die Insel. Wenn auch das Gebäude am Ortsrand im Innern wenig künstlerische Ausstattung bieten kann, so ist es doch einige Augenblicke der Besinnung wert.

RALSWIEK, Swedish chapel

Ralswiek did not start life as a village with a church, and at first the few fishermen and farmers who lived here held their services in the provost's house. It was not until 1709 that the inhabitants of Ralswiek received an original Swedish chapel as a present. The little wooden building at the edge of the village has a distinctive roof-top turret and white timber framing which makes an attractive contrast to the vivid Swedish-red exterior walls. For visitors, the chapel stands as a reminder of bygone centuries when the island was dominated by the kings of Sweden. Even though the building's interior furnishings are of little architectural interest, it is nevertheless well worth pausing a moment here to absorb its atmosphere.

Dass zu den Rügenschen Spezialitäten der Fisch gehört, dass man vorzügliche Milch- und Käseprodukte anbietet und dass die Kreide für die Heilung so mancher Gebrechen ein Wundermittel ist, weiß man auch über die Grenzen der Insel hinaus. Dass aber an der Westküste in einem kleinen Betrieb vorzügliche Edelobstbrände und Liköre hergestellt werden, die man sogar über die deutschen Grenzen hinaus schätzt, weiß man kaum. Lischow heißt der kleine Ort nahe der Insel Ummanz, wo vier fleißige Mitarbeiter solche Genüsse herstellen. Und besonders stolz sind sie darauf, dass nur die einheimischen altbewährten Apfelsorten wie Ontario und Alkmene aus eigenem Anbau verwendt werden. Alljährlich beim Lieschower Ostermarkt kann der Besucher schauen, bewundern und prüfen.

The word has already gone around well beyond the island's borders that Rügen offers its own culinary specialities; fish, for instance, along with first-class dairy products and cheeses. Equally well-known is the fact that Rügen chalk is an effective natural remedy for many an affliction. But few are aware that a small factory on the west coast, which distils the finest fruit brandies and liqueurs, has also made a name for itself at home and abroad. The factory, situated in Lieschow, near Ummanz, employs only four people. They are especially proud of the fact that they use only locally-grown apples from their own orchards in their products. Lieschow's Easter Market provides an ideal opportunity for visitors to see and taste these delights for themselves.

Ummanz, die sturmzerzauste flache Insel an der Westküste Rügens ist eine Landschaft für echte Naturfreunde. Die weiten Ebenen sind unterbrochen von kleinen Wäldern und weiten Koppeln, auf denen blondmähnige Haflinger mit wehenden Mähnen umhertollen. – Schaprode, ein altes Seefahrer- und Fischerdorf an der Westküste der Insel Rügen, liegt so reizvoll eingebettet in den weiten landwirtschaftlichen Ebenen des Nordwestens, geschmückt mit alten Kapitänshäusern, Matrosenwohnungen und den Unterkünften einstiger Landarbeiter, dass der Ort allein für den Betrachter eine neue Welt erschließt. In Schaprode steht auch eine der ältesten Kirchen Rügens, mit einem so originellen Kirchturm, dass er in den Seekarten als Seezeichen aufgenommen wurde.

Ummanz, the flat, storm-beaten island off the west coast of Rügen, is a landscape for true nature-lovers. The island's wide plains are broken up by small areas of woodland. Haflinger horses with long, flowing blond manes romp over the paddocks. – Schaprode, an old seamen's and fishermen's village on the west coast of Rügen, stands in a charming setting amid the island's broad agricultural plains of the north-west. With its photogenic old captains' houses, quaint seaman's apartments and the lodgings of former farmhands, the mere sight of the village opens up a new world for the visitor. One of Rügen's oldest churches is also to be found here in Schaprode, and its slim wooden spire is so striking and unusual that sea charts include it as a marker point for sailors.

Schaprode, das Tor zur Insel Hiddensee, war schon immer einer der wichtigsten Häfen an der Westküste Rügens. Heute ist das freundliche Seefahrerdorf in erster Linie das Tor zur Insel Hiddensee. Matrosen- und Kapitänshäuser prägen sein Gesicht. Überragt wird der Ort von der uralten Kirche, deren Turmhaube einer Pudelmütze ähnelt und von Seefahrern und Fischern als Seezeichen beachtet wird. Neben dem Seglerhafen liegen am Kai neben einigen Fischerbooten vor allem die eleganten Urlauberschiffe der Weißen Flotte. Erlebnishungrige Urlauber drängen sich über die schmale Gangway, beladen mit allem, was man für ein paar Tage auf dem Säuten Länneken nicht entbehren kann.

Schaprode, the gateway to the island of Hiddensee, was always one of the most strategically placed harbours on the west coast of Rügen. Today the most important role of this friendly seamen's village is to provide access to the island of Hiddensee. The local architecture is characterised by seamen's and captains' houses, and the whole village is dominated by the ancient church. Its tower resembles a pointed cap and is used as a marker point by sailors. Near the marina, next to a few fishing boats, the elegant ferries of the White Fleet lie at anchor. Expectant visitors stream over the narrow gangways, laden with everything they need for their holiday on Hiddensee. All vehicles, however, must be left at Schaprode car park, for they are forbidden on the island.

Wenn auch nüchterne Zahlen den Zauber Hiddensees nicht ausdrücken können, so sollte man doch einige nennen, weil sie die eigenartige Gestalt der Insel besser veranschaulichen als bloße Schwärmerei. Die Insel ist 16.8 km lang und zwischen 250 m und 3,7 km breit. Sie hat eine Gesamtfläche von 1.000 qkm. Während sie im Süden mit feinsandigen Stränden flach ins Meer hineingleitet, wird sie am Dornbusch im Norden von schroffen Steilküsten und Geröllstrand begrenzt. Drei Dörfer sind von besonderer Bedeutung und jedes hat seinen eigenen Charakter: Im Süden Neuendorf, das sich vieles aus alten Zeiten bewahren konnte, im Mittelteil Vitte, das mit Hafen, Verwaltungen und dem größten Anteil an Urlaubern das Hauptdorf bildet.

Cold statistics can never do justice to the magic of Hiddensee, but nevertheless it may prove useful to cite a few here, as they emphasise the unusual geography of the island far more clearly than any enthusiastic descriptions. Hiddensee is 16.8 km. long and between 250 metres and 3.7 km. wide; its total area is 18.8 sq. km. The fine sandy beaches of the south coast slope imperceptibly into the Baltic, while the northern Dornbusch area terminates abruptly in steep cliffs and pebbly beaches. Notable villages of the island are Neuendorf, in the south, a community dedicated to the preservation of its ancient heritage, and the island capital of Vitte, in the centre, where you will find the harbour, the island administration and the majority of holiday-makers.

Im Norden befindet sich das Künstlerdorf Kloster mit der alten Fischerkirche am Fuße des Dornbuschs und dem Wohnhaus Gerhart Hauptmanns. Machtvoll turmt sich oberhalb Klosters das Hochland des Dornbuschs auf, dessen größte Erhebungen, Bakenberg und Swanti, mit etwa 72 m Höhe über die Hügelkuppen hinausragen. Alles, was das Meer in Jahrtausenden von den Steilküsten abgerissen hat, verwandelte sich durch Anspülung in weite Strände der Südküste. Schon seit 1937 gehört das Hochland des Dornbuschs zu den kostbarsten Naturschutzgebieten des Nordens. Karger Wald überzieht Teile der Hügelzüge. Der Sanddorn leuchtet mit seinen orangefarbenen Beeren aus dem Grün und zur Zeit der Ginsterblüte bedecken sich große Teile des Dornbuschs mit goldleuchtendem Blütenschmuck.

At the edge of the Dornbusch stands the artists' village of Kloster, with its old fishermen's church and the house of the writer Gerhart Hauptmann. The name Dornbusch [Thorn Bush] refers to Hiddensee's wild northern district, where the highest hills, Bakenberg and Swanti, both about 72 m. high, are notable features of the rolling countryside. Everything the sea has torn from the cliffs over centuries has been washed round the coast to form the wide beaches of the south coast. Since 1937, the Dornbusch highlands have been one of the region's most prized conservation areas. The ridges are dotted with sparse woodlands, orange buckthorn berries gleam through the greenery and when the broom blossoms, much of the Dornbusch is covered in a sea of gold.

Es waren vor allem Künstler, die "dat säute Länneken", die Insel Hiddensee, für sich entdeckten. Und Künstler verstanden es seit jeher, einer Landschaft ein besonderes Gesicht zu geben. Ihr eigenes Gesicht eben, und hier standen Maler, wie Elisabeth Büchsel (1867 bis 1957) in erster Reihe. Ihre Bilder aus dem Lebensraum der Insel lockten sehr bald Naturfreunde und Romantiker in großer Zahl auf die liebliche Insel im Norden. Besonders die "Blaue Scheune" in Vitte genoss legendären Ruf unter der kunstschaffenden Künstlergilde. Die Malerin Henni Lehmann erwarb das alte norddeutsche Hallenhaus im Jahre 1920, gab ihm den auffallenden blauen Anstrich und machte es zum Treffpunkt bedeutender Künstler, und das ist es bis heute geblieben

It was above all artists who first discovered the isle of Hiddensee. And artists have always lent especial characteristics to their favoured landscapes by stamping their own personality on them. To illustrate this, there is no better example than the painter Elisabeth Büchsel (1867-1957). The landscapes of Hiddensee that she painted soon attracted great numbers of nature lovers and romantics to the pleasant rolling scenery of this Baltic island. In particular, the Blaue Scheune [Blue Barn] in Vitte came to enjoy a legendary reputation among the artist community. This old North German-style manor house was bought by the artist Henni Lehmann in 1920. She painted it bright blue and made it a meeting place for leading artists, and so it has remained till this day.

Leuchtturm auf dem Dornbusch

Kenner behaupten, dass keine Insel im Norden Deutschlands eine so klare Luft, einen so hohen Himmel habe, wie Hiddensee. Wir haben keinen Grund daran zu zweifeln, denn bei sonnigen klarem Wetter kann der Wanderer sogar mühelos die weißen Kreidefelsen der dänischen Insel Möen entdecken und das sind immerhin etwa 60 Kilometer Luftlinie. Weit über Rügens Grenzen bekannt ist der weiße Leuchtturm, der nach wie vor seinen Dienst für die Schifffahrt leistet, waren doch seit jeher die Gewässer nördlich des Dornbuschs wegen ihrer Klippen und Sandbänke gefürchtet. Einige Wracks liegen heute noch eingeschwemmt im Sand auf dem Meeresboden.

Lighthouse, Dornbusch

Those who have an intimate knowledge of this region maintain that no island in the north of Germany can offer such clear air and extensive views as Hiddensee. And we have no reason to doubt their words, for in fine sunny weather, walkers on the island can easily spot the white chalk cliffs of the Danish island of Möen, and they are 60 kilometres distant as the crow flies. Hiddensee's white lighthouse is well-known far beyond Rügen's borders; it still provides an indispensable guide for shipping, for the waters north of the hills of Dornbusch have always been feared for their treacherous cliffs and sandbanks. Even today, many a sunken wreck lies trapped in the shifting sands at the bottom of the sea.

Lassen wir doch einmal den Inselpastor Arnold Gustavs (1875 bis 1956) sprechen, der hier oft gestanden hat: „Man sagt, dass alle irdischen Dinge ihr Urbild in der Ewigkeit hätten – Urbilder, die in Vollkommenheit das seien, was die irdischen Dinge nur in Unvollkommenheit abspiegeln können. Danach muss es auch ein himmlisches Hiddensee geben, von dem dieses irdische nur ein schwacher Abglanz ist. Dann möchte ich Gott bitten, dass er mich einst auf dem himmlischen Hiddensee möge wohnen lassen, sei es auch nur in einem ganz kleinen Winkel."
Kann man seine innige Liebe zu dieser Insel noch schöner ausdrücken?

At this point we may pause to listen to the words of the former island cleric Arnold Gustav (1875-1956), who often stood at this point. "They say that all earthly things have their counterparts in eternity. The perfection of eternity can only be reflected imperfectly in the things of earth. If this is true, then there must also exist a heavenly Hiddensee, of which the one we know and love is only a pale reflection. Then I would like to ask God to allow me to live on the heavenly Hiddensee one day, even if it is only in a little corner." Can one express one's heartfelt love for this island in any more appropriate way?

GZ118

Gedicht: INSELHEIMAT
von Jürgen Schulz

Hier trägt der graue Kranich
den Frühling übers Land,
gießt warme Sonnenstrahlen
auf Heide, Wald und Strand.

Ich hör die Lerchen jubeln,
ich hör der Amsel Schlag.
Mich freut der Glocken Läuten,
mich freut der junge Tag.

Bald kommt das große Blühen,
bald weht der warme Wind.
Bald kommen frohe Gäste,
die uns willkommen sind.

Hier haben unsre Väter
gefischt, gepflügt, gebaut.
Schützt unser liebes Rügen!
Es ist uns anvertraut.

ISLAND HOME
Jürgen Schulz

The grey crane with its outspread wings
Bears springtime to our land,
Sheds bright rays from the warming sun
On woodland, heath and strand.

I hear the song of skylarks,
The thrush's call at dawn,
My heart leaps as the church bells peal,
I revel in the morn.

Soon all will bloom and blossom here,
Warm winds will brush our isle,
And soon the welcoming islanders
Will greet guests with a smile

Our fathers lived from soil and sea,
Their simple hearths spread cheer
Preserve our dearest homeland,
For all our trust lies here.

ZIETHEN-PANORAMA VERLAG
D-53902 Bad Münstereifel · Flurweg 15
Telefon: (02253) 6047· Fax: (02253) 6756
www.ziethen-panoramaverlag.de

2. überarbeitete Auflage

Redaktion und Gestaltung: Horst Ziethen
Textautor: Jürgen Schulz, Rügen
Ornithologische Texte u. Beratung: Rico Nestmann, Rügen
Englische Übersetzung: Gwendolen Webster

Produktion:
ZIETHEN-Panorama Verlag GmbH

Buchbindung: Leipziger Großbuchbinderei

Printed in Germany

ISBN 3-929932-71-7

BILDNACHWEIS / table of illustrations / table des illustrations

	Seiten:
Gunther Reymann, Rügen	8, 19, 24, 26, u. Rücktitel, 35, 39, 42, 46, 50, 59, 60, 61,65
Horst Ziethen	20, 22(2), 23, 25(2), 27, 28, 30, 31(2), 52, 56, 57, 58
Volker Schrader	11, 21, 33, 36, 53, 55, 62, 64, 66, 68, 71
Klaus Ender, Rügen	9, 15, 16, 34, 38, 44, 45, 48, 51
Jürgen Schulz, Rügen	1, 43, 47, 49, 69
Rico Nestmann, Rügen	10, 13, 14, 37, 40
BA Laif/Kirchner u. Müller	29, 32, 54, 63
Udo Haafke	Nachsatzseiten
Fridmar Damm	Titel, 18
Roland Weiß, Rügen	12, 17
Christine Jörß	7
BA Bildermeer	41
Deutsche Luftbild	67
BA Huber	70
Greiner & Meyer	72

Karten-Nachweis
Vorsatzseite Buchdeckel: Historische Karte: Ziethen-Archiv
Vorsatzseite: aktueller Rügen-Lageplan von Grafik-Designer Uwe Schwarz, Rügen